FUKUトレ

U-NEXT
「NoMAD Workout −FUKUトレ in NY−」発

福士蒼汰

Gakken

PROLOGUE

WHAT'S FUKUトレ？

どうも！ トレーナーの FUKU です！

U-NEXT で配信中の「NoMAD Workout -FUKUトレ in NY-」の
トレーニングパートが、一冊の本になりました。
全 25 話で紹介している動きを、ここでくわしく説明しています。

僕が演じるトレーナーの FUKU が、
NY・ブルックリンのスタジオから配信している宅トレ動画、
それが「FUKUトレ」です。

これまで自己流でトレーニングしてきたけれど、
「効果が出ない」「身体が変わらない」と感じている人も多いはず。
それは、筋肉を効果的に動かせていないから！

FUKUトレは、誰でもできる簡単な動きだけど、
しっかり筋肉にアプローチできるプログラムになっています。
だから、しっかり効くし、続ければ誰でも
理想のボディを手に入れられるトレーニングです。

最初はこの本や動画を、ただ見るだけでも OK。
見ているうちに、身体を動かしたくなってくるはず！
きっと、やってみたくなるはず！

みんなが美しくなるお手伝いができたら嬉しい！
さあ、一緒に始めよう。

トレーナー FUKU こと　福士蒼汰

「NoMAD Workout -FUKUトレ in NY-」
会社を辞め、筋トレ動画配信をメインにやっていこうと NY に移り住んだトレーナー、FUKU。その NY ラ
イフを描いたモキュメンタリー（ドキュメンタリー風につくられたフィクション）と、本格的な筋トレがセッ
トになった、史上初の"トレーニング・ドラマ"として話題に。

FUKUトレ'S 5 RULES

FUKUトレを実践する前に、5つのルールをおぼえておこう。
トレーニングは一時、頑張るだけじゃなく、
長く続けていくことが大事。そのためのコツは？

RULE 1

つねに呼吸を意識して
身体を動かす

FUKUトレの呼吸は、鼻呼吸と腹圧呼吸。
呼吸に意識を向けながら身体を動かしていくことで
日常生活では動かせない筋肉にも刺激が伝わり、
トレーニング効果が抜群にアップ！

RULE 2

左右均等に
メニューを行う

トレーニングはどれも、
左右均等に動かすようにつくっています。
身体のバランスを崩さないためにも、
右側をやったら必ず左側も行おう。

RULE 3

少しずつでも
習慣化する

いいダイエットとは、
それほど苦しくないことを
ずっと続けることだと
僕は考えています。
自分のペースで、自分に合った動きを選んで
日常の一部として続けていこう。

RULE 4

決して無理はしない

やりたくないと思ったら休んで、
やりたい気持ちになるのを待つ。
苦しくなったら途中でやめて、
呼吸を整えてから再開。
無理なく、楽しくやるのが
何より大事！

RULE 5 自分を褒めながら
続けよう！

FUKUトレのテーマは「褒めて伸ばす！」。
トレーニングを始めようと思ったあなたはえらい！
頑張る自分を褒めてあげるのが、
トレーニングを続けるコツです。
あなたへの励ましの言葉とともに、
FUKUはいつでも本と動画の中で待っています！

Let's Start!

CONTENTS

CHAPTER
1

本格的なトレーニングの前に習得しておきたい

FUKUトレの基本をマスター

14

すべてのトレーニングに関わる　FUKUトレ３つの基本とは？　16

FUKUトレの基本１

鼻呼吸をマスターする

18

FUKUトレの基本 2

腹圧呼吸をマスターする

22

FUKUトレの基本 3

足裏のセンサーを活性化させる

36

CHAPTER

2

鼻呼吸、腹圧呼吸、足裏を意識して効果アップ

部位別最強トレーニング

42

LESSON 1

腸腰筋を動かして、
お腹を引き締める!

44

LESSON 2

仙腸関節をほぐして、
ヒップアップ

56

CHAPTER

3

活性化した筋肉をフル稼働

全身トレーニングで理想のボディに

96

覚醒した筋肉で身体を動かせば、トレーニング効果はアップ！　98

本書の使い方

各トレーニングは動画でも見ることができます（本ページ下参照）。

鼻呼吸のやり方を「スゥ〜（吸う）」「フゥ〜（吐く）」「スゥー＆フゥ〜（吸って吐く）」のおもに3種類で示しています。

トレーニングを行う際に注意すべき点、ポイントです。

特にアプローチしたい部位を示しています。

徐々に負荷を上げながら、効果的にトレーニングが行えるメニューを示しています。

行うセット数の目安を示しています。

行う回数や継続する時間の目安を示しています。

身体を動かす方向を示しています。破線の矢印の場合は、その方向を意識しながら行います。

本書とあわせて動画も CHECK!

本書で紹介しているトレーニングを FUKU が動画でも実演。紙面とあわせてぜひチェックしてみてください。各ページに記載している二次元コード（右記でも可）、もしくは下記 URL から専用サイトにアクセスしてご覧ください。

https://gakken-ep.jp/extra/fuku_training/

※動画サービスは、出版社の都合により終了する場合がございます。あらかじめご了承ください。

ATTENTION!

＊ トレーニングはページが進むにつれて少しずつ負荷が上がっていきます。表示しているセット数や回数はあくまで目安です。健康上の問題や怪我がある場合などを含め、決して無理はせずに、ご自身のできる範囲内で行ってください。

＊ ご自身の体力を超えて運動していると感じた場合、痛み、めまいなど身体に不調を感じた場合は運動を中止してください。

＊ ご自身のペースで長く続けることが理想です。休憩を適宜とりながら、無理のないペースで行ってください。

CHAPTER

1

本格的なトレーニングの前に習得しておきたい

FUKUトレの
基本をマスター

まずは、FUKUトレの基本となる鼻呼吸、腹圧呼吸、
足裏刺激をおぼえよう。ここをしっかり押さえることで
トレーニング効果が格段に上がります。

すべてのトレーニングに関わる

FUKUトレ
３つの基本とは？

１ 鼻呼吸

FUKUトレの全トレーニングは「鼻呼吸」をしながら行います。口ではなく、鼻で息を吸ったり吐いたりすることでトレーニング効果が向上！まずは"基本のキ"となる、鼻呼吸のやり方と感覚をつかむことから始めよう。

▶ **P18**

２ 腹圧呼吸

お腹にかけた圧を維持しながら鼻呼吸を繰り返す「腹圧呼吸」がFUKUトレには不可欠。腹圧を入れると体幹が安定するので一つひとつの動作の精度が高まります。このCHAPTERで、腹圧の入れ方や維持の仕方をしっかり習得しよう。

▶ **P22**

３ 足裏センサーの活性化

FUKUトレ３つ目の基本は「足裏」。私たちがバランスを保ちながら、立ったり歩いたりするのには、足裏にある「メカノレセプター」というセンサーの働きが関係。このセンサーを活性化させることも、ボディメイクには欠かせません。

▶ **P36**

身体のベースを整えることで
トレーニング効果が向上

長時間のデスクワークなどによって、姿勢が悪くなったり、呼吸が浅くなったりしている人も多いですよね。じつはその状態でトレーニングをしても、筋肉がうまく刺激できず、効果が半減してしまいます。効果を高めるためには、身体のベースを整えることが大事。そこで重要になるのが、左ページの3つの基本です。これらによって呼吸や姿勢が整うと、CHAPTER 2以降のトレーニングの効果も格段に高まります。

これだけでも
ボディメイク＆代謝アップ

鼻呼吸や腹圧呼吸をするだけでも、ボディメイクが期待できます。というのも、これらの呼吸によって、日常生活ではなかなか動かせない、身体の深層部にある筋肉（インナーマッスル）を刺激できるから。インナーマッスルが鍛えられると、姿勢が安定するほか、代謝アップ、ぽっこりお腹の改善……などメリットはたくさん！ 地味な動作ながらも、その効果は抜群なのです。

FUKUトレの基本1

鼻呼吸
をマスターする

FUKUトレのすべてのトレーニングに関わる「鼻呼吸」。
まずは、基本のやり方と感覚をおぼえよう。

── 鼻呼吸とは？ ──

その名の通り、口ではなく「鼻」で吸ったり吐いたりする呼吸のこと。鼻呼吸がしっかりできるようになると、身体全体に酸素が行き渡りやすくなって代謝がアップ。深い呼吸で胸が上がって肩が開きやすくなるため、首や肩、バストラインもすっきりします。

メリット
- ☑ 身体全体に酸素が行き渡りやすくなり、代謝が上がる
- ☑ 肩が開きやすくなりバストアップ＆首・肩ラインがきれいに

【 鼻呼吸のやり方 】

1 鼻から吸う　スゥ〜

2 鼻から吐く　フゥ〜

口は閉じ、鼻から息を吸う。鼻の奥に空気をためるように深く吸い込むことがポイント。

吐くときも、口ではなく鼻から吐く。吸った空気をすべて吐き出すイメージで吐き切る。

LEVEL 1 / 片鼻で呼吸する

2 セット

片鼻で行うことで、より深い呼吸に。鼻呼吸に集中し、空気を鼻の奥にため込む感覚をつかもう。

1

右手で右の鼻を押さえ、左鼻だけで吸う

立ち姿勢でもイスに座ってでも OK。姿勢を整えたら右手で右の鼻を押さえ、左鼻だけで 10 秒かけて吸う。このとき、左腕は深呼吸をするようなイメージで斜め後方へゆっくり動かす。

10 秒吸う

スゥ〜

鼻の奥に空気をためるイメージで

2

左鼻だけで10秒かけて息を吐く

10 秒かけて、左鼻から息を吐き出す。このとき、腕もゆっくりと動かし、元の位置へ戻す。次に、手を入れ替え右鼻でも同様に。ここまでを 1 セットとして 2 セット行う。

10 秒吐く

フゥ〜

手も一緒に動かそう！

LEVEL 2 / 鼻呼吸で動く

3セット

鼻から深く呼吸をすると身体の軸が自然と強化され、バランスがとりやすくなります。

1

あごを上げて
まっすぐに立ち、
鼻から息を吸う

床に足裏をしっかりつけて立ち、軽くあごを上げ、目線を斜め45度上へ。この体勢で鼻の奥に空気をため込むように深く吸うと、自然と身体が後ろへ傾いていく。

スゥ〜

斜め上に
引っ張られる
イメージで

2

身体が
倒れる直前で
鼻から息を吐く

後ろに傾きかけた身体が倒れないギリギリのところで鼻から息を吐き、体勢を立て直す。これを3セット行う。

フゥ〜

LEVEL 3 / 鼻呼吸でステップ
3セット

身体の動きに合わせて、鼻呼吸。動きに気を取られず、しっかり呼吸を続けることが大事。

鼻呼吸に合わせて、腕で8の字。脚はステップを踏む

まっすぐ立ったら、右腕を45度程度斜め上に上げる。鼻呼吸のテンポに合わせて左右にステップを踏み、腕は8の字を描くように動かす。ステップを左右交互に計16回踏んだら左腕でも同様に。これを3セット行う。

左右交互に計16回

スウー＆フゥ〜

腕は8の字を描いて

脚は左右交互にステップを続ける

動画を
CHECK！

FUKUトレの基本 2
腹圧呼吸
をマスターする

「腹圧呼吸」を実践すると自然と体幹が鍛えられ、疲れにくい身体に！
トレーニング効果も格段に高まります。

腹圧呼吸とは？

お腹に圧をかけたまま、鼻呼吸をすること。体幹が安定するので、姿勢や動作が整うほか、お腹の深層部の筋肉が鍛えられてボディラインがすっきり。副交感神経がきちんと働くようになり、疲れにくい身体になれる効果も期待できます。

メリット　☑ **姿勢がよくなる**　　☑ **ボディラインがすっきり**

　　　　　☑ **疲れにくくなる**

【 腹圧呼吸のやり方 】

1 鼻から息を深く吸う

スゥ〜

口は閉じ、鼻から息を吸う。鼻の奥に空気をため込むようなイメージで深く吸う。

2 ためた空気をお腹に落とし、腹圧をかける

フゥ〜

膨らませたお腹に圧をかけて固める

鼻から吐くとき、鼻の奥にため込んだ空気をお腹に落とす。お腹を膨らませて圧をかける。

この順番で行うのがおすすめ

1 腹圧を実感！
LEVEL 1〜3

2 腹圧を意識！
LEVEL 2,4〜6

3 腹圧を強化！
LEVEL 3〜6

3 腹圧をかけた状態で、鼻呼吸を繰り返す

スゥー&
フゥ〜

お腹はグッと
圧をかけた状態を
キープして
吸う、吐くを続ける

息を吸うときも吐くときも、圧を抜かず、固
い状態のお腹をキープする。腹圧が抜けると、
呼吸をするときにお腹が動いてしまう。

LEVEL 1 / 長座で身体揺らし

4 セット

まずは、動きながら腹圧をかけ続ける練習をしよう。身体を揺らしても腹圧を維持して！

1

両脚を伸ばし、長座の姿勢になる

床に座ったら、両脚をまっすぐ伸ばす。つま先は天井に向けておく。

腹圧
ON！

スゥー＆
フゥ〜

2

足をつかんで腹圧を入れる

手で左右それぞれの足をつかむ。足に手が届かない場合は足首やすねでもOK。この体勢で鼻呼吸をして腹圧をしっかり入れる。

Let's
腹圧呼吸！

10秒

3

腹圧を
意識しながら
全身を揺らす

腹圧を抜かないように意識しながら、お尻を左右交互に傾けるようにして、全身を大きくゆらゆらと10秒間揺らす。このあいだ、鼻呼吸も繰り返す。

全身を
左右に動かす

スゥー＆
フゥ〜

10秒

4

腹圧を抜かずに
肩まわりだけを
揺らす

次に、肩まわりを縦に大きく波打つように10秒間揺らし続ける。このあいだも、しっかり腹圧をキープして鼻呼吸も継続。ここまでを1セットとして4セット行う。

肩を
ゆらゆら〜

スゥー＆
フゥ〜

LEVEL 2 / 仰向け ひざ引き寄せ

4セット

腹圧をつねにキープすることを意識。合間にお腹に手を当て、腹圧を確認しよう。

1

仰向けになり 腹圧を入れる

床に仰向けになり、まっすぐ脚を伸ばしたら、鼻呼吸をして腹圧を入れる。お腹に手を当てると腹圧を入れる感覚をつかみやすい。

腹圧 ON!

2

息を吸いながら 右ひざを曲げる

腹圧を抜かないように意識しながら、鼻から息を深く吸う。それと同時に右ひざを曲げてゆっくり胸に引き寄せたら、両手でひざを抱える。

2〜4を2回繰り返す

音楽に合わせて
楽しく〜

3

息を吐きながら
右脚を床に下ろす

鼻から息を吐きながら、
曲げた右ひざをゆっくり
伸ばし、元の位置へ戻す。
このときも、腹圧が抜け
ないように注意。

4

鼻呼吸をしながら
左脚も曲げ伸ばし

次に、息を吸いながら左
ひざを胸に引き寄せ、吐
きながら元の位置へ戻
す。2〜4を2回繰り返
すところまでを1セット
として4セット行う。

腹圧
入れたまま！

LEVEL 3 / うつ伏せ 対角線手足上げ

4 セット

うつ伏せでの腹圧呼吸にチャレンジ。難しいけれど、腹圧キープを頑張ろう。

1

腹圧
ON！

スゥ〜&
フゥ〜

うつ伏せになり、腹圧を入れる

床にうつ伏せになり、両腕、両脚をまっすぐ伸ばす。この体勢で鼻
呼吸をして腹圧を入れる。目線はつねに床に向けておく。

2

2〜4を4回繰り返す

足首を伸ばして

親指を上に向ける

スゥ〜

息を吸いながら、右腕と左脚を上げる

鼻から息を吸いながら右腕と左脚を同時にアップ。腕の動きにつら
れるように胴体も床から少し浮かせる。ひじ、ひざ、足の甲はまっ
すぐ伸ばし、右手の親指は上に向ける。

3

息を吐きながら、右腕と左脚を下ろす

鼻から息を深く吐きながら右腕と左脚をゆっくり下げ、元の位置へ
戻す。腕と脚は脱力しても、腹圧はかけた状態をキープする。

4

お腹の動きで
身体をアップ&ダウン

鼻呼吸をしながら、左腕と右脚を上げ下げ

次に、吸いながら左腕と右脚を上げ、吐きながら元の位置へ戻す。
2〜4 を4回繰り返すところまでを1セットとして4セット行う。

2・4セット目は
足首を曲げる

足首を曲げることで、伸ばして
いるときとは違う筋繊維に刺
激を送ることができる。

アレンジ！

LEVEL 4 / 仰向け かかとタッチ

4セット

浮かせた身体をお腹で支えることで、肩や首にムダな力が入りにくくなります。

1

仰向けになり 鼻呼吸。 腹圧を入れる

床に仰向けになり、両ひざを立てる。足は腰幅よりやや広く開く。足裏を床につけ、足先はやや外側へ向ける。この体勢で鼻呼吸をして腹圧をしっかり入れる。

スゥ〜〜

腹圧 ON！

足裏は 床につける

2

下腹部に 目線を向け、 上体を起こす

腹圧をキープしながら、下腹部を見るように少しだけ上体を起こす。腹圧をグッとかけたお腹で上半身を支える。

目線は 下腹部に

3

ひと吸いで
左右のかかとを
タッチ

腹圧を抜かずに体勢を維持したまま、鼻から息を深く吸う。吸いながら右手で右のかかとをタッチし、続けて左手で左のかかとをタッチ。これをひと吸いのあいだに行う。

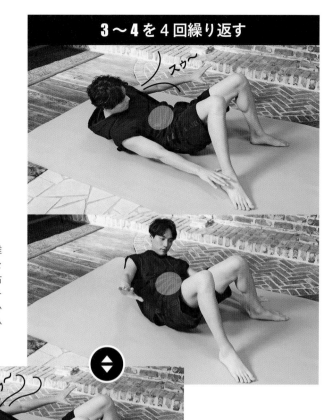

3〜4を4回繰り返す

スゥ〜

フゥ〜

4

ひと吐きで
左右のかかとを
タッチ

鼻から息を吐きながら右手で右かかとをタッチ。続けて、左手で左かかとをタッチ。これをひと吐きのあいだに行う。腹圧を維持したまま **3〜4** を4回繰り返すところまでを1セットとして4セット行う。

LEVEL 5 / 骨盤揺らし

4セット

腹圧をかけるだけでも、体幹の強化に。ウエストの引き締めにも効果的！

1

うつ伏せになり、ひじを曲げる

床にうつ伏せになったら、両脚は伸ばして腰幅程度に開いておく。両ひじは
曲げ、手のひらを胸の横あたりにセット。

▼

2

腹圧
ON！

背中を
伸ばして！

スゥー＆
フゥ〜

上半身を床から引き上げ、腹圧を入れる

手のひらで床を押し、上半身を床から離す。腰は反りすぎないように注意。
この体勢で鼻呼吸をして腹圧をしっかり入れる。

後半のセットは
呼吸のテンポが変わるよ

▼

3〜4を4回繰り返す

3

ひと吸いで
2往復

スゥ〜

息を吸いながら、骨盤を左右に揺らす

腹圧をキープしたまま、鼻から息を深く吸う。吸いながら骨盤を左右に2往復（3・4セット目は1往復）ゆらゆら動かす。

4

ひと吐きで
2往復

フゥ〜

息を吐きながら、骨盤を左右に揺らす

鼻から息を吐きながら骨盤を左右に2往復（3・4セット目は1往復）揺らす。**3〜4**を4回（3・4セット目は8回）繰り返す。これを4セット行う。

LEVEL 6／うつ伏せ エアクロール

2セット

腹圧をかけ続けることで、身体の深層部の筋肉も刺激し、体幹を強化します。

腹圧
ON！

1

うつ伏せになり 鼻呼吸。 腹圧を入れる

床にうつ伏せになった
ら、脚は腰幅程度に広げ、
腕は体側にセット。この
体勢で鼻呼吸をして腹圧
をしっかり入れる。

スゥ〜&ハァ〜

2〜4を8回繰り返す

肩を下げて
首を長く

2

鼻から息を 深く吸い、 右腕を前へ

腹圧をキープしたまま、
鼻から息を深く吸う。そ
れと同時にクロールをす
るように右腕を前方へ。
肩を腰のほうへ下げ、頸
椎（首の骨）は伸ばした
状態で行う。

スゥ〜

3

息を吐きながら
右腕を体側へ

鼻から息を吐きながら、
前に出していた右腕のひ
じを曲げ、腕をゆっくり
身体に引き寄せるように
して、元の位置へ戻す。

腹圧を
かけたまま

4

左腕をクロール
するように動かす

息を吸いながら左腕をク
ロールするように前へ出
し、吐きながら元の位置
へ戻す。**2〜4**を8回繰
り返すところまでを1セ
ットとして2セット行う。

アレンジ！

腕の動きをダイナミックに

慣れてきたら、腕を前方へ出すときに指
を立て、床をつかむようなイメージで行
う。腕の動きをダイナミックにすること
ができるので、筋肉への刺激も高まる。

動画を
CHECK！

FUKUトレの基本3
足裏のセンサー
を活性化させる

足の裏を正しく使うことも、ボディメイクには不可欠。
そのカギを握る「メカノレセプター」に着目！

── メカノレセプターとは？ ──

足裏にある、脳に刺激を伝えるセンサーのこと。このセンサーが働くことで、立ったり歩いたりする際にバランスが保てます。反対に機能が鈍ると、つまずきやすくなったり、トレーニング時も姿勢が不安定になり効果が落ちたりしてしまいます。

ここを刺激 ▷

足裏3点を意識的に
刺激することで機能が活性化

トレーニング効果を高めるためにも、メカノレセプターをしっかり働かせることが大事。そのためのポイントとなるのが、足裏の「母指球（親指の付け根付近）」「小指球（小指の付け根付近）」「かかと」です。これら3点にはメカノレセプターが多く集まるため、意識的に刺激することで、機能が活性化します。

メリット　☑　**姿勢がよくなり歩き方が安定する**

☑　**脚の筋肉をバランスよく**
使えるようになり美脚に！

LEVEL 1／足指のストレッチ

左右各 1 セット

足の親指、小指を入念にストレッチ。日常生活であまり動かさない方向へ伸ばしていきます。

1 足の親指を外側へ倒し付け根を伸ばす

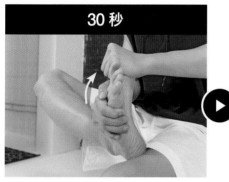

30 秒

イスに座り、右足を左ももにのせる。左手で右足の親指を付け根まで握り、外側へ倒してストレッチ。鼻呼吸をしながら 30 秒間続ける。

2 足の親指を握り足全体を左右に振る

30 秒

右手で右足の親指を付け根までしっかり握る。右足を空中に浮かせた状態で、足全体を左右に 30 秒間振り、足の親指の付け根をほぐす。

3 足の小指を外側へ倒し付け根を伸ばす

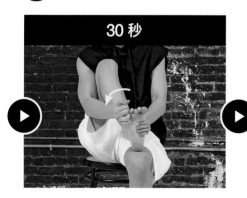

30 秒

次に、左ももにのせた右足の小指を右手で付け根まで握り、外側へ倒して付け根をしっかり伸ばす。鼻呼吸をしながら 30 秒間続ける。

4 足の小指をつかみ足全体を左右に振る

30 秒

右足の小指の付け根を右手でつかむ。右足を空中に浮かせた状態で、足全体を左右に振る。30 秒間続けたら **1～4** を左足でも同様に。

LEVEL 2／足裏のストレッチ

左右各1セット

母指球、小指球、かかとを結ぶラインをじっくりもみほぐし、メカノレセプターに働きかけます。

1

足裏の外側を
じっくり
もみほぐす

右足のかかとを左ももの上にのせたら、両手を足裏の外側（小指球とかかとを結ぶライン）に添える。両手の指を使い、30秒間じっくりもみほぐす。

30秒

2

足裏の
指の付け根を
もみほぐす

次に、足裏の指の付け根部分（母指球と小指球を結ぶライン）を両手の指を使い、30秒間じっくりもみほぐす。

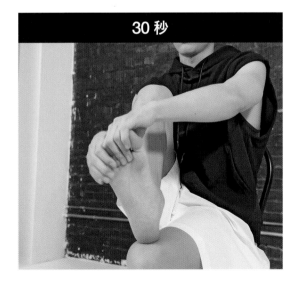

30秒

3

くるぶしの下を
かかとに向かって
押しほぐす

右足のくるぶしの下に両手の親
指を添え、残りの指で足を支え
る。かかとに向かって親指でぐ
いぐい押しながら、くるぶし下
をほぐす。30秒間続けたら**1**〜
3を左足でも同様に。

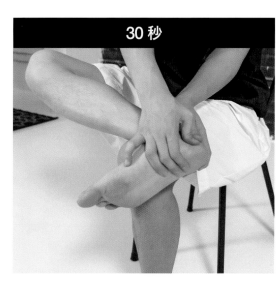

30秒

▶

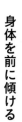

片足をほぐしたら、左右を比較！

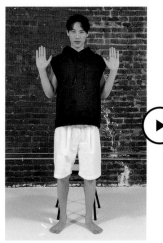

身体を前に傾ける

足指のストレッチ（P37）と足裏のスト
レッチを右足だけ行い、左右を比較する
と効果がわかりやすい。身体を前に傾け
ると、ほぐしたほうの足が地面に吸いつ
くように感じるはず。

ほぐした足に重心をかける

右足に重心をかけると、太ももの内側に
１本の芯が通ったように感じるはず。メ
カノレセプターを刺激すると、本来かけ
たい重心のラインに刺激が入りやすくな
り、安定したきれいな立ち姿に。

LEVEL 3 / ジンガ

4セット

左右交互に、リズミカルにステップ。足指、足裏をほぐしたことで姿勢が安定しやすくなります。

腹圧を入れる

スゥー＆フゥ〜

2〜5を8回繰り返す

スゥ〜

1

足裏をしっかり
床につけて立つ

床に足裏をしっかりつけ、脚は腰幅程度に開いて立つ。鼻呼吸をして腹圧を入れる。

2

息を吸いながら
左脚を後ろへ引く

まずは、息を深く吸いながら左脚を後ろに大きく引く。ステップに合わせて左腕は右へ大きく振る。

FUKUトレの基本 3　足裏のセンサーを活性化させる

> ジンガは、
> 武術・カポエイラの
> 基本ステップのこと！

スゥ〜

フゥ〜

フゥ〜

3

吐きながら脚と腕を元の位置へ戻す

鼻から息を吐きながら、後ろに引いた左脚を元の位置へ戻し、腕も体側に。

4

息を吸いながら右脚を後ろへ引く

次に、息を深く吸いながら右脚を後ろに大きく引く。ステップに合わせて右腕は左へ大きく振る。

5

吐きながら脚と腕を元の位置へ戻す

息を吐きながら右脚を元の位置へ戻し、腕も体側に。**2〜5**を8回繰り返すところまでを1セットとして4セット行う。

42

CHAPTER
2

鼻呼吸、腹圧呼吸、足裏を意識して効果アップ

部位別
最強トレーニング

お腹、ヒップ、二の腕、太もも……気になる部位に
アプローチ。CHAPTER 1 でマスターした基本を
ふまえながら行うことが重要！

動画を
CHECK！

LESSON 1

腸腰筋を動かして、
お腹を引き締める！

脂肪は、普段あまり筋肉が使えていない部位につきやすく、お腹はその代表。
ぽっこりお腹の改善には、お腹まわりの筋肉「腸腰筋」を鍛えることが不可欠です。

ここを鍛える ▷

**腸腰筋の衰えは、姿勢の崩れや
ぽっこりお腹の原因に！**

腸腰筋は、上半身と下半身をつなぐ3つの筋肉（腸
骨筋、大腰筋、小腰筋）で構成されています。太も
もを持ち上げたり、姿勢を維持したりする際に重要
な働きをしますが、運動不足や座り姿勢が長い生活
をしていると動かす機会が少なく衰えがち。衰える
と、姿勢の崩れやぽっこりお腹を招いてしまいます。

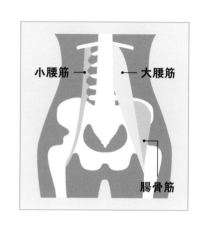

小腰筋 — 　 — 大腰筋

腸骨筋

腸腰筋が鍛えられると……

☑ 姿勢やボディラインがきれいに

☑ 基礎代謝が上がり、
　太りにくい身体に

☑ お腹や下半身がすっきり

☑ 腰痛・便秘などの
　不調改善にも効果的

この順番で行うのがおすすめ

1 腸腰筋をほぐす！
LEVEL 1〜4

2 股関節をゆるめる！
LEVEL 1,5,6

3 腸腰筋を積極的に動かす！
LEVEL 5,7,2,3

LEVEL 1 / 脚の付け根伸ばし

2〜4セット

普段動かす機会が少ない腸腰筋はこり固まりがち。まずは、ストレッチでしっかりほぐそう。

腹圧を
入れる

スウ〜&
フゥ〜

1

右片ひざ立ちになり腹圧を入れる

右ひざだけを立てた体勢になり、両手は右ひざに添えておく。左足の甲は床につける。この体勢で鼻呼吸をして腹圧を入れる。

2

腰をゆっくり前へ移動して股関節を伸ばす

鼻から息を吸いながら腰をゆっくり前へ移動し、左の股関節を伸ばす。続けて、息を吐きながら1の体勢に戻る。右脚で2回行ったら左脚も同様に。これを2〜4セット行う。

右2回 → 左2回

腹圧を
かけたまま

スウ〜

ひざは
軽く外側に
押す

LEVEL 2/ ローランジでバウンド

4 セット

下半身トレーニング「ランジ」をアレンジ。腰をバウンドする動きで、腸腰筋をほぐそう。

1

脚を大きく開き、右脚は90度に曲げる

右脚を大きく踏み出し、ひざを90度に曲げる。左脚は後ろへ伸ばし、つま先だけ床につける。左手は床、右手は右ひざの上に置き、身体を支える。この体勢で腹圧を入れる。

腹圧を入れる

ひざはくるぶしの真上に

2

腰を上下にバウンドして付け根を伸ばす

鼻から小刻みに息を吸い、腰を上げる。鼻呼吸のテンポに合わせて腰を上下にバウンドさせ、左脚の付け根を伸ばす。16回繰り返したら脚を入れ替え、右脚の付け根も同様に伸ばす。これを4セット行う。

右16回 → 左16回

腰を小刻みに上下にバウンド

LEVEL 3 / 腸腰筋ストレッチ
2セット

腸腰筋がぐーっと伸びた状態をキープ。股関節まわりの柔軟性が高まり、脚の動きもスムーズに。

1

右手を
右足の外側へ
セット

床に両手、両ひざをつけ
たら、右脚を大きく踏み
出す。左脚は後ろへ伸ば
し、ひざをつけたまま、
つま先立ちに。右手は右
足の外側に置く。この体
勢で腹圧を入れる。

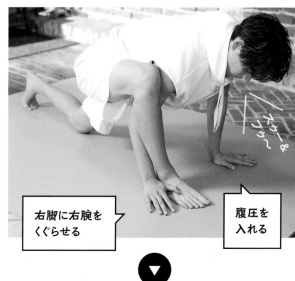

右脚に右腕を
くぐらせる

腹圧を
入れる

2

体勢を維持し、
腸腰筋を伸ばす

目線を上げ、背すじを伸
ばす。体勢を保ちながら
20秒間鼻呼吸を繰り返し
たら脚を入れ替え、右の
腸腰筋も同様に伸ばす。
これを2セット行う。

20秒キープ

腹圧を入れた
まま鼻呼吸

アレンジ！　できる人は、この体勢で身体を左右に揺らしてみよう

LEVEL 4 / 足裏合わせで パタパタ＆腹筋

2セット

足裏をつけたまま行う、股関節を開閉する動きと腹筋運動。2つの動作で腸腰筋に働きかけよう。

1

仰向けになり 足裏を合わせる

床に仰向けになったら、両ひざを曲げて外側へ開き、足裏を合わせる。両腕は力を抜き、軽くハの字に広げて伸ばしておく。鼻呼吸をして腹圧を入れる。

腹圧を
入れる

足裏を
合わせる

スカー＆
フゥ〜

2

鼻呼吸に合わせて 股関節をパタパタ

鼻から小刻みに息を吸い、股関節を開く。鼻呼吸のテンポに合わせて股関節をパタパタと32回開閉する。

32回

足裏は
合わせたまま

スッスッ

3

鼻呼吸をしながら
腹筋で
上半身を起こす

両手を後頭部に添え、鼻から息を吸いながら腹筋で上半身を起こす。それと同時に脚も足裏を合わせたまま持ち上げ、息を吐きながら元の体勢に戻る。これを8回繰り返すところまでを1セットとして2セット行う。

8回

スゥ〜

頭と足を近づける

フゥ〜

腹圧を入れたまま
ゆっくり戻す

腹筋運動でも
腸腰筋は
動いている！

キツい
場合は

脚だけでも OK

上半身を起こすときに首がツラい人は脚のみの動きでもOK。慣れてきたら、少しずつ上半身の動きも加えていこう。

LEVEL 5 / 仰向け 3 ワークアウト

各2セット

仰向けで行う3つのトレーニングで股関節を十分に動かして、腸腰筋を目覚めさせよう。

準備

**仰向けになり
鼻呼吸。
腹圧を入れる**

床に仰向けになり、両腕、両脚は伸ばしてリラックス。腕は軽くハの字に広げておく。鼻呼吸をして腹圧を入れる。

腹圧を
入れる

スーッ
フーッ

1

**ひざを
胸に
引き寄せる**

鼻から息を吸いながら右ひざを胸に引き寄せ、吐きながら元の位置へ戻す。8回繰り返したら左脚も同様に。右脚、左脚各8回を2セット行う。

右8回 → 左8回

吸って上げ、
吐いて戻す

スーッ

股関節から
動かすこと
を意識！

2

ひざを
伸ばしたまま
上げ下げ

鼻から息を吸いながら右
脚を高く上げ、息を吐き
ながら元の位置へ戻す。
ひざは伸ばしたまま行
う。8回上げ下げしたら
左脚も同様に。右脚、左
脚各8回を2セット行う。

キツい
場合は　左ひざを立ててもOK

右8回 → 左8回

まっすぐ
伸ばして

3

股関節を
ゆっくり
外側に回す

鼻から息を吸いながら右
ひざを胸に引き寄せる。
続けて息を吐きながらひ
ざを外側へ倒し、脚を伸
ばす。この動きで股関節
をなめらかに旋回。8回
外回ししたら左脚も同様
に。右脚、左脚各8回を
2セット行う。

右8回 → 左8回

ひざを胸に
引き寄せる

腹圧を
かけたまま

ひざを
外側へ
倒す

LEVEL 6／片ひざタッチ

1セット

脚を高く上げることで、腸腰筋を刺激。股関節から動かす意識が大事！

腹圧を入れる

スウー＆フゥ〜

右で2〜5 → 左で2〜5を8

スウー

1

まっすぐに立ち、腹圧を入れる

床に足裏をしっかりつけ、まっすぐ立つ。この体勢で鼻呼吸をして腹圧を入れる。

2

右脚を高く上げ、両手でタッチ

鼻から息を深く吸いながら右ひざをできるだけ胸に近づけ、両手で抱えるようにタッチ。

ちょっとずつ
やれるように
なっていこう

]繰り返す

腹圧は
抜かずに
続ける

スゥ〜

フゥ〜

フゥ〜

3

腹圧をかけたまま
右脚を下ろす

鼻から息を吐きながら右
脚を下げ、元の位置へ戻
す。このとき、腹圧は抜
かないように注意する。

4

右ひざを開いて高く上げ、
右手でタッチ

鼻から息を吸いながら右ひざを外
側へ開き、できるだけ高く上げる。
右手でひざをタッチ。

5

右脚を
ゆっくり下ろす

息を吐きながら右脚を下
げ、元の位置へ戻したら、
2〜5を左脚でも同様に。
2〜5を右脚、左脚で交
互に各8回繰り返す。

LEVEL 7／腸腰筋ジンガ

1セット

股関節をなめらかに動かし、腸腰筋にアプローチ。後半はテンポアップして強度を高めよう。

リズミカルに脚のステップを繰り返す

1
床に足をそろえてまっすぐ立ったら、右足を1歩前へ出す。

2
左脚を、右脚の前を通り、斜め前へ移動する。

3
右脚を、右斜め後ろへ大きく引く。

4
左脚をできるだけ高く上げ、胸に近づける。

5
上げた左脚を、少し前方へ下ろす。

6
右脚を、左脚の前を通り、斜め前へ移動する。

7
左脚を、左斜め後ろへ大きく引く。

8
右脚をできるだけ高く上げ、胸に近づける。**1**〜**8**の動きを70秒間繰り返す。その際、最初の20秒はスローテンポで行い、残りの50秒はテンポを上げて行う。

右脚からスタート

右脚を前へ

左脚を前からクロ〔ス〕

1

70秒繰り返す

右脚を上げる

左脚を後ろ〔へ〕

鼻呼吸を忘れずに！

8

最初の20秒はスローテンポで繰り返す

▶ 残りの50秒はアップテンポで繰り返す

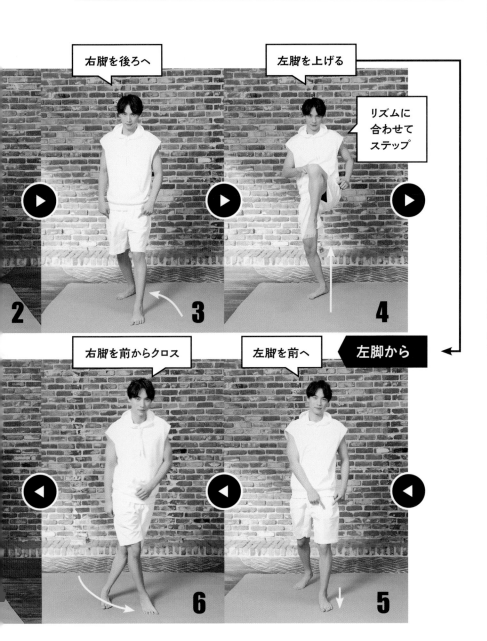

右脚を後ろへ

左脚を上げる

リズムに合わせてステップ

2

3

4

右脚を前からクロス

左脚を前へ

左脚から

6

5

**動画を
CHECK！**

LESSON 2

仙腸関節をほぐして、ヒップアップ

お尻の筋肉も、使わないと硬くなったり垂れたりしてしまいますが、そこに深く関わるのが
「仙腸関節」です。この関節まわりをほぐすことで、ヒップアップにつながります。

ここをほぐす ▷

仙腸関節のこりが
骨盤のゆがみや垂れ尻を招く

仙腸関節とは、背骨を支えている仙骨と、骨盤の外
側にある腸骨を結ぶ関節のこと。この関節の動きが
鈍ると、付随するお尻の筋肉が弱まったり、衰え
たりしてしまいます。すると、垂れ尻はもちろん、骨
盤の位置がズレることで姿勢が崩れたり、ぽっこり
お腹の原因に。

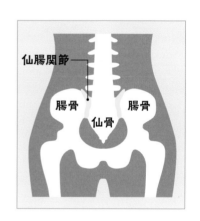

仙腸関節

腸骨　　腸骨

仙骨

仙腸関節がほぐれると……

☑ ヒップが上がって美尻に

☑ 猫背改善、
　姿勢がきれいになる

☑ 下腹部がすっきりする

☑ 座る・立つなどの
　動きがスムーズに

この順番で行うのがおすすめ

1 仙腸関節を
やわらかくする！

LEVEL 1〜4

2 仙腸関節を動かし
身体を整える！

LEVEL 1〜3,5,6

3 仙腸関節を動かし
美尻総仕上げ！

LEVEL 1〜3,7

LEVEL 1／4の字ひざ抱え

2セット

上体を起こす動きで、背骨につながる仙腸関節のまわりの筋肉をじっくり伸ばそう。

1

脚で4の字をつくり、手で太ももを支える

床に仰向けになり、両ひざを立て、右足を左ももにのせる。両手で左ももを裏側から持つ。鼻呼吸をして腹圧を入れる。

腹圧を入れる

もも裏を両手で支える

スケ～&プカ～

▼

2

頭とひざを近づけてお尻まわりを伸ばす

鼻から息を深く吸いながら、ゆっくり上体を起こす。ひざと頭を近づけながら、仙腸関節まわりの筋肉を伸ばす。

2～3を4回繰り返す

スカ～

↕

お尻のあたりが伸びるのを感じて

3

床に上体をゆっくり戻す

鼻から息を吐きながら、上体を床に戻す。2～3を4回繰り返したら脚を組み替え同様に。これを2セット行う。

フカ～

LEVEL 2／M字ひざ倒し
2セット

仙腸関節のこりをほぐすストレッチ。上半身は動かないように行うことがポイント！

1

脚を左右に大きく開いて座る

床にひざを立てて座り、脚を左右に大きく開く。両手はお尻の後ろへ回し、手のひらをつく。この体勢で腹圧を入れる。

腹圧を入れる

スゥー＆フゥ〜

2〜4を4回繰り返す

2

両ひざを左側にゆっくり倒す

鼻から息を深く吸いながら両ひざを左側に倒し、3秒キープ。このとき、右ひざが胸の真ん中にくるようにする。

スゥ〜

内側のひざは胸の真ん中に

3秒キープ

ぐーっと伸ばして。
気持ちいいよ！

3

両ひざを
元の位置へ
戻す

鼻から息を吐きながら、
ひざを立てた状態に戻
し、体勢を整える。脚は、
股関節から動かすイメー
ジで行う。

フゥ〜

4

両ひざを
右側に
ゆっくり倒す

息を吸いながら両ひざを
右側に倒し、3秒キープ。
吐きながら元の位置へ戻
し、**2〜4** を4回繰り返
す。ここまでを1セット
として2セット行う。

3秒
キープ

スゥ〜

お尻はなるべく
床から離さない

LEVEL 3 / 90/90ストレッチ

2セット

腕をアップダウンする動きを加えることで、上半身との連動が高まります。

1 M字に
開いた脚を
左側に倒す

P58の**1**の体勢から、両ひざを左側に倒す。鼻呼吸をして腹圧を入れる。

> 腹圧を入れる

> スゥ〜＆フゥ〜

2〜3を8往復繰り返す

> ひじは伸ばして

> スゥ〜

2 息を吸いながら
右腕を大きく
上げる

鼻から息を深く吸いながら右腕を身体の横で半円を描くように動かし、頭上に上げる。

3 息を吐きながら
右腕を
テンポよく戻す

息を吐きながら右腕を**2**と同じ軌道を描くように動かし、下げる。**2〜3**をテンポよく8回繰り返したら両ひざを右側に倒し左腕も同様に。ここまでを1セットとして2セット行う。

> フゥ〜

LEVEL 4 / 上半身起こしスパイダー

2セット

股関節を開く動きで、仙腸関節にアプローチ。こり固まった関節をほぐしていこう。

1 ひじを床につけて上体を支える

うつ伏せになり、胸の前で両手を組む。床につけた両ひじで支えながら、上半身を持ち上げる。鼻呼吸をして腹圧を入れる。

腹圧を入れる

スゥ〜＆フゥ〜

▼

2〜3を8回繰り返す

2 右ひざを外側へ曲げ股関節を開く

鼻から息を深く吸いながら右ひざを外側へ向け、できるだけ曲げる。このとき、股関節から動かすことを意識する。

スゥ〜

⬍

3 右ひざを伸ばし元の体勢に戻る

鼻から息を吐きながら脚を元の位置へ戻す。2〜3を8回繰り返したら左脚も同様に。ここまでを1セットとして2セット行う。

フゥ〜

LEVEL 5 / うつ伏せ足クロス
3セット

うつ伏せから足をクロスするトレーニング。お尻まわりの筋肉をじんわり刺激します。

1

ひざを曲げて
足を上げる

うつ伏せになり、両ひじを床につけ、上体を持ち上げる。脚は腰幅に開き、両ひざを90度に曲げて足をアップ。鼻呼吸をして腹圧を入れる。

腹圧を入れる

16回

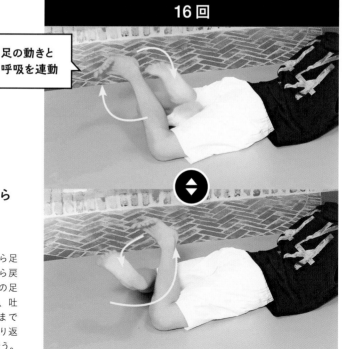

足の動きと呼吸を連動

2

鼻呼吸をしながら
足をクロス

鼻から息を吸いながら足をクロス。吐きながら戻し、吸いながら反対の足を前にしてクロスし、吐きながら戻す。ここまでをテンポよく16回繰り返す。これを3セット行う。

LEVEL 6／仙腸関節小刻み揺らし

3 セット

普段の生活では使われにくい、お尻の奥の筋肉を刺激。こりをほぐし、柔軟性を高めます。

1

ひざを曲げて
足を上げる

P62の **1** の体勢になる。

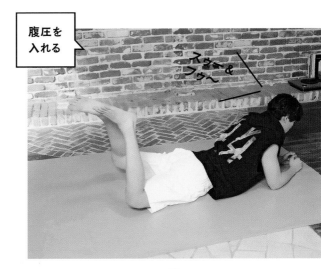

腹圧を
入れる

スゥ～＆
フゥ～

▼

2

鼻呼吸をしながら
足を小刻みに開閉

足首を曲げ、足裏を天井に向ける。ひざを動かさずに、足を小刻みに64回開閉する。鼻呼吸は「6回吸って2回吐く」のリズムで、足の動きに合わせて繰り返す。これを3セット行う。

64 回

6回吸って
2回吐く

外側に開く！

LEVEL 7 / ごろ寝 片足アップダウン

4セット

お尻の筋肉を使って、脚をアップダウン。脚は力まずにリラックスして行おう。

1

横向きに寝て 左ひざは 90度に曲げる

身体の左側を下にして、横向きに寝る。左腕はひじ枕にして頭を支え、右手はお腹の前にセット。両脚を伸ばしたら、左ひざは90度に曲げる。鼻呼吸をして腹圧を入れる。

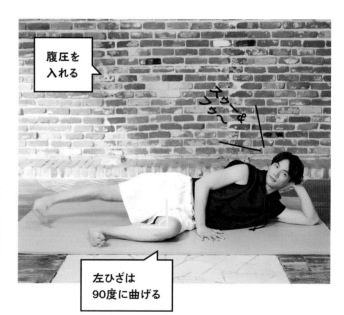

腹圧を入れる

左ひざは90度に曲げる

ライダーキックのポーズに似てるかも

2 ～ 3 を 8 回繰り返す

股関節から
上げる

骨盤と上半身は
動かないように

2

お尻の筋肉を
使って
右脚をアップ

鼻から息を吸いながら
右脚を高く上げる。脚
だけを動かすのではな
く、お尻の筋肉を使い
アップすることを意識。

3

ひざを
伸ばしたまま
右脚を下ろす

息を吐きながら右脚を
下げる。2 ～ 3 を 8 回
繰り返したら右側を下
にして寝て、左脚も同
様に上げ下げする。こ
こまでを1セットとして
4セット行う。

動画を
CHECK！

LESSON 3

背中を動かして、
小顔・バストアップ

背中は、上半身のボディメイクの要。柔軟性を高めたり鍛えたりすることで、
小顔、バストアップ、ウエストシェイプなど上半身にいい効果が期待できます。

ここを鍛える ▷

肩甲骨のまわりや背中の衰えは
バストや顔にも影響

背中の筋肉を鍛えるために重要なのが、背中の上部
にある三角形の骨、肩甲骨。ここを動かすことで、
棘下筋をはじめとした肩まわりの筋肉や、背中の大
きな筋肉、脊柱起立筋を刺激。背中が引き締まるこ
とはもちろん、バストアップ効果もあり。首や鎖骨
まわりの筋肉もほぐれ、顔まわりもすっきりします。

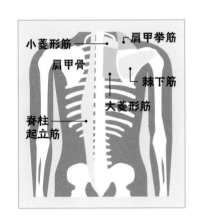

小菱形筋　肩甲挙筋
肩甲骨
棘下筋
大菱形筋
脊柱
起立筋

背中が鍛えられると……

☑ 小顔＆きれいなデコルテになる

☑ バストアップ・ウエストシェイプ
　　など、上半身にいい効果

☑ 背骨が動きやすくなり、
　　身体全体がしなやかに

☑ 肩こりの改善

この順番で行うのがおすすめ

1 肩甲骨まわりの
筋肉をストレッチ！
LEVEL 1~3

2 背中の
可動域を広げる！
LEVEL 3~6

3 背中をダイナミックに
動かす！
LEVEL 2,1,3~5,7

LEVEL 1 / 肩を抱いて 背中を丸める

2 セット

肩甲骨まわりの筋肉をほぐすストレッチ。背中を丸めて、肩を内側に伸ばしていきます。

1

1〜2を右4回 → 左4回

スゥー＆フゥ〜

腹圧を入れる

腕を胸の前で クロス。 腹圧を入れる

イスに座ったら、左腕が上になるように両腕を胸の前でクロス。手は肩に添え、左右それぞれ骨が少し出っ張っている部分を持つ。鼻呼吸をして腹圧を入れる。

2

3秒 キープ

背中から伸ばす イメージで

スゥ〜

背中を丸め、 肩を内側に伸ばす

鼻から息を深く吸いながら背中を丸めるようにして身体を右側にゆっくり倒し、3秒キープ。吐きながら元の位置へ戻す。4回繰り返したら腕を組み替え左側も同様に。ここまでを1セットとして2セット行う。

左に倒すときは 右腕を上にする

LEVEL 2 / 腕を伸ばして 背中を伸ばす

2セット

腕を遠くに持っていく動きで、背中の筋肉をぐーっと伸ばそう。背中がじんわりゆるんでいきます。

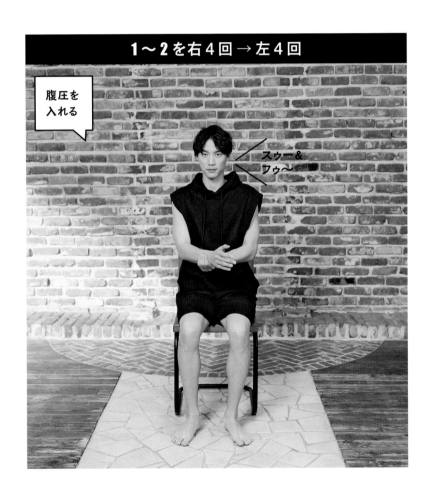

1〜2を右4回 → 左4回

腹圧を入れる

スゥー＆フゥ〜

1

左手を右手首に添える

イスに座ったら、左手で右手首を持つ。このとき、右手は親指側を上にして、左手は下から支えるように添える。鼻呼吸をして腹圧を入れる。

肩甲骨を動かすと
ぽかぽかしてくる

３秒
キープ

腕だけでなく
背中から伸ばす

スゥ〜

2 右腕を 左斜め前へ伸ばす

鼻から息を深く吸いながら右腕を左斜め前へ
ぐーっと伸ばし、３秒キープ。鼻から息を吐
きながら元の位置へ戻す。４回繰り返したら
左右反対側も同様に。これを２セット行う。

LEVEL 3 / 両手を組み肩甲骨を寄せる

3セット

肩甲骨を下げた状態で刺激することで、こわばっている首や鎖骨まわりも伸ばすことができます。

1

両手を組んで
肩甲骨を寄せる

イスの背もたれ側に向かって座る。両手を背中側で組み、肩甲骨を背中中央に寄せる。鼻呼吸をして腹圧を入れる。

腹圧を
入れる

スゥー＆
フゥ～

肩甲骨を
寄せる

このとき、腕に引っ張られるように身体を少し後ろに倒し、胸を斜め上へ向ける。あごは引いておく。

横から
見ると

あごを引く

身体を少し倒す

胸を斜め上に

You can do it !

2〜3を4回繰り返す

2

腕をテンポよく
上に振る

手を組んだまま、腕をテンポよく上に8回振る。鼻呼吸は「6回吸って2回吐く」のリズムで、腕の動きに合わせて続ける。

肩甲骨を
寄せたまま

6回吸って
2回吐く

上へ
8回

3

腕をテンポよく
左右に振る

次に、腕をテンポよく左右に振る動作を4往復する。鼻呼吸は「6回吸って2回吐く」のリズムで、腕の動きに合わせて続ける。**2〜3**を4回繰り返すところまでを1セットとして3セット行う。

6回吸って
2回吐く

4往復

上半身を
ひねる
ように

LEVEL 4/ 背中で手を寄せる

2セット

肩甲骨を背中中央に寄せることを意識。肩甲骨下部が鍛えられ、引き締まった背中に。

1 背中に腕を回し、肩甲骨を寄せる

脚を肩幅程度に開いて立つ。両手を背中側で組み、肩甲骨を背中中央に寄せたら手を離す。この体勢で腹圧を入れる。

2 肩甲骨を動かし、指先をタッチ

肩甲骨を寄せたまま、腕を内側に向かってテンポよく32回振る。鼻呼吸は「6回吸って2回吐く」のリズムで、腕の動きに合わせて繰り返す。

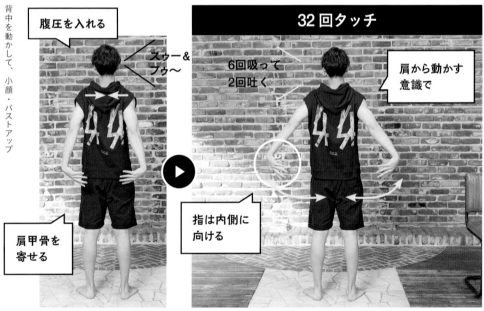

腹圧を入れる

スゥー＆フゥ〜

肩甲骨を寄せる

32回タッチ

6回吸って2回吐く

肩から動かす意識で

指は内側に向ける

指先同士をタッチするように動かす

ペンギンみたいで
かわいくない⁉

3 指先を外側に向け、腕を内側に振る

次に、指先を外側に向ける。肩甲骨を寄せることを意識しながら腕を内側にテンポよく寄せる。鼻呼吸は「6回吸って2回吐く」のリズムで、腕の動きに合わせて繰り返す。腕を32回振るところまでを1セットとして2セット行う。

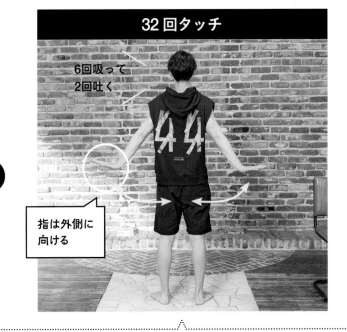

32回タッチ

6回吸って
2回吐く

指は外側に
向ける

手首同士をタッチするように動かす

LEVEL 5 / ペンギンステップ

2セット

P72の動作に、ステップをプラス。腕と脚をテンポよく動かそう。

1 背中に腕を回し、肩甲骨を寄せる

脚を肩幅程度に開いて立つ。両手を背中側で組み、肩甲骨を背中中央に寄せたら手を離す。この体勢で腹圧を入れる。（P72の**1**の体勢と同様）

2 腕を内側に振りながら脚は左右にステップ

肩甲骨を寄せたまま、腕を内側に向かってテンポよく16回振る。それと同時に脚は左右交互にステップを踏む。鼻呼吸は「6回吸って2回吐く」のリズムで、腕と脚の動きに合わせて繰り返す。

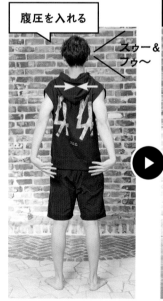

腹圧を入れる

スゥー＆フゥ～

16回タッチ

6回吸って2回吐く

両脚を交互にステップ

よりペンギンに
近づいた感じ！

3 指先を外側に向け、腕と脚を動かす

次に、指先を外側に向ける。肩甲骨を寄せることを意識しながら腕を内側にテンポよく寄せると同時に、脚を左右交互にステップ。鼻呼吸は「6回吸って2回吐く」を腕と脚の動きに合わせて繰り返す。腕を16回振るところまでを1セットとして2セット行う。

16回タッチ

6回吸って
2回吐く

両脚を交互にステップ

LEVEL 6 / 後ろ蹴り上げ＆タッチ

3 セット

後ろに蹴り上げる動作には、かかとからつながる背中の筋膜をゆるめる効果があります。

スゥー＆フゥ〜

腹圧を入れる

背中を少し反らす

壁でもOK！

手は胸の高さの位置に

1 イスの背に手を置き、まっすぐ立つ

イスの背もたれのすぐ後ろに立ったら、背もたれに手を置き、背中を少し反らせる。この体勢で鼻呼吸をして腹圧を入れる。イスの代わりに壁に手を当てて行ってもOK。

タッチのときに
脇腹を縮めることを
意識して！
ウエストシェイプに
効くよ

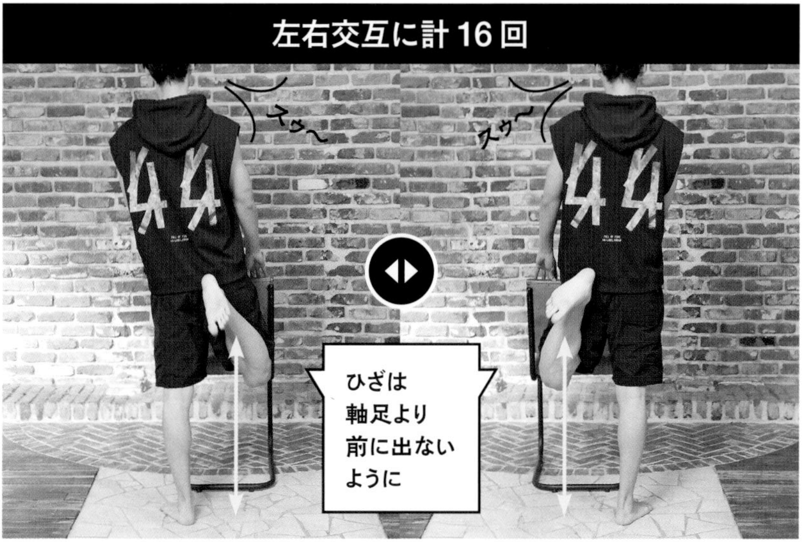
左右交互に計16回
スゥ〜
スゥ〜
ひざは
軸足より
前に出ない
ように

2 足を後ろに蹴り上げお尻に近づける

鼻から息を吸いながら右足を後ろに蹴り上げ、吐きながら戻す。続けて、左足も同様に蹴り上げて戻す。鼻呼吸も連動させながら、左右の足を交互に計16回蹴り上げる。

▼

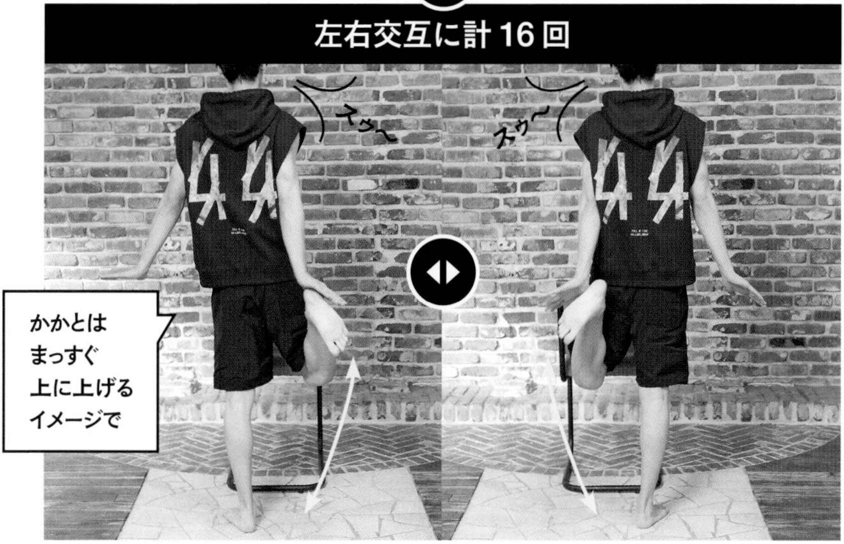
左右交互に計16回
スゥ〜
スゥ〜
かかとは
まっすぐ
上に上げる
イメージで

3 蹴り上げた足のかかとを手でタッチ

イスから手を離す。鼻から息を吸いながら右足を後ろに蹴り上げ、右手でかかとをタッチ。吐きながら右足を戻し、続けて左足でも同様に。左右の足を交互に計16回タッチするところまでを１セットとして３セット行う。

LEVEL 7 / エクステンド サイド アングル

2セット

背中をダイナミックに動かします。背中の大きな筋肉がぐんぐん刺激されるので代謝もアップ！

1 腰を下ろし 左脚を伸ばす

ひざを曲げて床に腰を下ろしたら、左脚を伸ばす。右手は手のひらを右脚の後ろにつき、全身を支える。鼻呼吸をして腹圧を入れる。

腹圧を
入れる

スゥー＆
フゥ〜

Finish！
やりきった〜

2 左腕を遠くへ伸ばし身体の側面の筋肉を刺激

鼻から息を吸いながら左腕を頭上の先へ大きく伸ばす。深い鼻呼吸を繰り返しながら体勢を20秒キープし、身体の側面の筋肉を刺激。左右反対側も同様に。これを2セット行う。

20秒
キープ

左腕を
尾てい骨から
伸ばすイメージ

スゥー＆
フゥ〜

動画を
CHECK！

LESSON 4

腕関節を正しい位置に戻し、
二の腕を引き締める！

長時間のスマートフォン操作などが習慣化していると、手や腕の関節がねじれたり、
固定されたりして動かしにくい状態に。まずは関節を正しい位置に戻すことが大事です。

ここにアプローチ ▷

腕関節のゆがみは、
二の腕のたるみに

上腕二頭筋をはじめとした、腕の筋肉がこり固まっています。関節がねじれた位置で固定されたり、二の腕の動きが鈍くなったりします。その結果、腕まわりに脂肪が蓄積してしまいます。こり固まった筋肉をほぐすことで関節を正しい位置に戻せば、動きもスムーズに。二の腕のたるみ改善につながります。

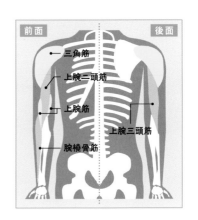

前面　　　　　後面
三角筋
上腕二頭筋
上腕筋
腕橈骨筋
上腕三頭筋

腕関節の位置が正しくなると……

- ☑ 二の腕が引き締まる
- ☑ 腕・肩まわりの動きが
なめらかに
- ☑ 腕ライン、デコルテ、
背中もきれいになる

この順番で行うのがおすすめ

1 腕と指の
ストレッチ！
LEVEL 1~3

2 腕・肩まわりを
動かしやすく！
LEVEL 2~4

3 上半身の総仕上げで
二の腕ほっそり！
LEVEL 2,4,3,5

LEVEL 1 / 指をいたわる

左右各1セット

指や手首の関節を押さえながらストレッチすることで、ねじれた腕関節を正しい方向へ伸ばします。

1 右手首の甲側を伸ばす

手の甲を上にして右腕を前へ伸ばしたら、左手で右手の指を持ち、手前に引き寄せる。右手首の甲側の伸びを感じながら10秒キープ。このあいだ、鼻呼吸も繰り返す。

10秒

2 右手首の内側を伸ばす

次に、手のひらを上にする。左手で右手の指をつかみ手前に引き寄せ、右手首の内側を伸ばす。鼻呼吸を繰り返しながら10秒キープしたら、**1**〜**2**を左手も同様に行う。

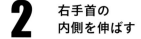

10秒

3 指の外側を1本ずつ伸ばす

再び右腕を前へ出し、甲を上にしたら親指から小指まで各5秒ずつ順に伸ばす。鼻呼吸は親指を引くときは吸い、人差し指を引くときは吐く、というように指ごとに切り替える。

親指 → 小指　各5秒

手前に引いて伸ばす

4 指の内側を1本ずつ伸ばす

手のひらを上にしたら、親指から小指まで各5秒ずつ順に引き、指の内側を伸ばす。呼吸は**3**と同様、「吐く」「吸う」を指ごとに切り替える。小指まできたら**3**〜**4**を左手も同様に。

親指 → 小指　各5秒

1本ずつていねいに

LEVEL 2／腕の付け根を伸ばす

2セット

首と肩甲骨まわりを伸ばすトレーニング。肩を身体の付け根から離すイメージで腕を動かします。

1

右腕を前へ伸ばし ひねる

右腕をまっすぐ前へ伸ばしたら腕をひねり、手のひらを外側へ向ける。

2

左腕も前へ伸ばし 両手を組む

左手を右手に重ね、握手するようにして両手をしっかり組む。鼻呼吸をして腹圧を入れる。

3

腕を伸ばしたまま
左下へ下ろす

鼻から息を深く吸いなが
ら、両腕をまっすぐ伸ば
したまま左下へ下ろす。
右肩の付け根の伸びを感
じながら3秒キープ。

3〜4を4回繰り返す

背中を
しっかり
伸ばす

スゥ〜

3秒
キープ

4

両腕を
元の位置へ戻す

鼻から息を吐きながら、
両腕を伸ばしたまま上げ
て元の位置へ戻す。**3〜
4**を4回繰り返したら左
右反対側も同様に。これ
を2セット行う。

フゥ〜

LEVEL 3 / 腕を伸ばして内外小回し

3セット

腕を十分に伸ばしたうえで、内側・外側にしっかり旋回。肩の付け根や腕をほぐします。

1

両腕を前へ伸ばし内・外に回す

立ち姿勢になり、鼻呼吸をして腹圧を入れる。両腕をまっすぐ前へ伸ばしたら、息を吸いながら両腕を同時にひねり、手のひらを外側へ向ける。吐きながら反対側にひねる。これを8回繰り返す。

8回

スゥ〜　フゥ〜

2

両腕を横に伸ばし内・外に回す

次に、両腕を左右にまっすぐ伸ばす。鼻から息を吸いながら両腕を同時に背中側にひねり、吐きながらお腹側にひねる。これを8回繰り返す。

8回

肩が上がらないように注意

スゥ〜　フゥ〜

3

両腕を上に伸ばし
内・外に回す

両腕を真上に伸ばす。鼻から息を吸いながら両腕を同時にひねり、手のひらを外側へ向ける。吐きながら反対側にひねる。これを8回繰り返す。

8回

手は
なるべく
真上に

ズゥ〜　フゥ〜

4

両腕を下ろし
内・外に回す

最後は、両腕を太ももの横に下げる。鼻から息を吸いながら両腕を同時にお腹側にひねり、吐きながら背中側にひねる。これを8回繰り返す。ここまでを1セットとして3セット行う。

8回

胸と背中から
動かすように

ズゥ〜　フゥ〜

LEVEL 4 / 二の腕たるみ トレーニング

4セット

ひじをしっかり曲げ伸ばす動きで、縮こまった二の腕の筋肉を伸ばします。

1

腹圧を
入れる

スゥー＆
フゥ〜

2

2〜3を8往復繰り返す

左手で
右腕を引く

スゥ〜

右腕を上げて
左手で右ひじを持つ

立ち姿勢になり、右腕を真上に上げる。
左手を頭の後ろから右腕側に回し、右ひ
じをつかむ。鼻呼吸をして腹圧を入れる。

右腕を曲げて
二の腕を刺激

ひじに添えた左手で右腕を頭方向に軽く
引き、二の腕を伸ばす。この体勢で、鼻
から息を深く吸いながら右ひじをゆっく
り曲げる。

二の腕
すっきり〜

3

フゥ〜

右腕を
まっすぐ上へ戻す

鼻から息を吐きながら腕をまっすぐ伸ば
し、元の位置へ戻す。**2**〜**3**を8回繰り
返したら腕を入れ替え左腕も同様に。こ
れを4セット行う。

LEVEL 5 / ツイスト＆パンチ

2セット

腕を勢いよく突き出す動きで二の腕を刺激。腕を引くときは、背中をひねり切ることがポイント。

1

腹圧を入れる

スウー＆フゥ〜

2

2〜3を16回繰り返す

ツイスト！

フゥ〜

手のひらは外側へ向ける

右半身を後ろに引き、ボクシングのポーズに

まっすぐ立ったら、右半身を斜め後ろに引く。両ひじを曲げ、ボクシングのポーズのように腕を構え、両手はこぶしを握る。鼻呼吸をして腹圧を入れる。

右腕をツイストしながら前へ出す

鼻から息を吐く。それと同時に右腕をひねりながらまっすぐ前へ伸ばし、手のひらは外側へ向け、開く。このとき、左腕はこぶしのまま後ろに引く。

3

パンチ！

スゥ〜

反対側の腕を
しっかり引く

夢をつかんで
引き寄せる
イメージで

Take
your
dream !

右腕はしっかり引き、
左手でグーパンチ

鼻から息を吸いながら、後ろに引いていた左腕をパ
ンチするイメージでまっすぐ前へ伸ばす。右腕は、
こぶしを握って後ろに引く。**2〜3**を16回繰り返
したら左右反対側も同様に。これを2セット行う。

動画を
CHECK！

LESSON 5

内転筋を動かして、
すらりとした美脚に

すらりとまっすぐな脚をつくるには、「内転筋」を鍛えることがポイント。
内転筋は日常生活では使われにくいので、トレーニングで意識的にアプローチしましょう。

ここを鍛える ▷

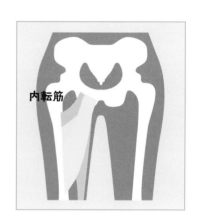

内転筋

内転筋が使えないと
横に張り出した太い脚に

内転筋とは、股関節の付け根から太ももの内側、ひざの内側にかけて走る複数の筋肉の総称。ここが衰えると、歩く際にも外ももに負荷が集中し、結果、外側に筋肉が張り出した太い印象の脚になってしまいます。すらりとした脚になるには、内転筋を鍛え、筋肉をバランスよく使えるようにすることが大切。

内転筋が鍛えられると……

- 太ももの外側の
張り出しが改善し、
すっきりとした脚に

- 脚全体で上半身を
支えられるようになるので、
姿勢もきれいに

Last 部位トレ！
頑張ろう〜

LEVEL 1／ 座ってかかと上げ
3セット

両脚を大きく開くことで、内ももに負荷をかけます。かかとをストンと落とすこともポイント。

1

脚を大きく開き、つま先は45度外側へ

イスに座ったら、両脚を大きく開く。つま先は斜め45度外側へ向けておく。肩や腕の力は抜いてリラックス。

肩の力を抜いてリラックス

2

かかとの上げ下げを繰り返す

鼻呼吸をしながら左右のかかとを交互に上げ下げする。テンポよく計32回繰り返すところまでを1セットとして3セット行う。

左右交互に計32回

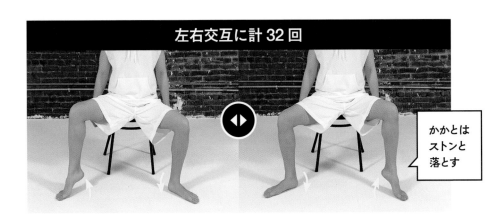

かかとはストンと落とす

LEVEL 2 / 立ってかかと上げ

3 セット

P91のトレーニングを、イスを使わずに実践。メカノレセプター（P36）も意識して行おう。

1 脚を大きく開き、腰を落とす

立ち姿勢になったら、股関節をできるだけ広く開き、つま先は斜め45度外側へ向ける。腰を落とし、手はそれぞれのひざに添える。

股関節は
大きく開いて

立ってやると
いきなり
キツくなるよね〜

あと少し！
一緒に頑張ろう

2 テンポよく 左右のかかとを上げ下げ

鼻呼吸をしながら左右のかかとを交互に上げ下げする。テンポよく計32回繰り返すところまでを1セットとして3セット行う。

左右交互に計32回

スゥー＆
フゥ〜

スゥー＆
フゥ〜

ひざが内側に
入らない
ように注意！

アレンジ！

2セット目、3セット目は メカノレセプターを意識

2セット目は母指球、3セット目は小指球に重心をかけて行い、P36で解説したメカノレセプターを活性化させよう。

小指球　母指球

LEVEL 3 / 肩を入れてストレッチ

1セット

肩を内側に入れながらひざを押すことで、内ももをストレッチ。心地よく、伸ばそう。

1

股関節を大きく開き、腰を落とす

股関節をできるだけ広く開き、つま先は斜め45度外側へ向ける。腰を落とし、手はそれぞれのひざの上に置く。

2

右肩を内側に入れて右内ももを伸ばす

右手で右ひざを後方へ押すようにしながら、右肩を内側へ入れる。右内ももの伸びを感じながら10秒キープ。このあいだ、鼻呼吸も繰り返す。

鼻呼吸しながら

スゥー&フゥ〜

10秒キープ

3

左肩を内側に入れて左内ももを伸ばす

次に、左手で左ひざを後方へ押すようにしながら、左肩を内側へ。鼻呼吸を繰り返しながら10秒キープ。

スゥー&フゥ〜

内ももをしっかり伸ばす

10秒キープ

LEVEL 4 股関節揺らし

1 セット

揺らす動きで股関節をほぐします。股関節がスムーズに動くと、内転筋が働きやすくなります。

1

股関節を大きく開き、腰を落とす

P94の**1**の体勢になる。

60 秒

肩も股関節も揺らしながら

スゥー&
フゥ〜

2

ひざを曲げて、重心を落としたまま股関節を揺らす

腰を落としたまま、股関節を左右にゆらゆらと60秒間揺らす。このあいだ、鼻呼吸も繰り返す。

CHAPTER 3

活性化した筋肉をフル稼働

全身トレーニングで理想のボディに

FUKUトレ最後のレッスンは、全身をくまなく動かす
プログラム。覚醒した筋肉でアクティブに動くから、脂肪も
ぐんぐん燃焼。引き締まったメリハリある身体に！

覚醒した筋肉で身体を動かせば、
トレーニング効果はアップ！

全身をアクティブに動かして、
理想のボディに

CHAPTER 1、2を頑張った身体は、全身の筋肉が覚醒！ 覚醒した身体は関節が動かしやすくなっていたり、疲れにくくなっていたりするので、ハードなトレーニングもこなせるようになっています。だから、脂肪燃焼効果もアップ。筋肉への刺激も高まって、お腹も背中も、ぐんぐん引き締まっていきます。さあ、全身をアクティブに動かして、理想のボディに仕上げていこう。

4つのアプローチで総仕上げ！

このCHAPTERは4つのLESSONで構成。どれも全身を動かしますが、
目的が少しずつ異なります。順にクリアすることで、効率よくボディメイクできます。

LESSON 1

血流をアップする

お尻や太もも、背中や肩甲骨まわりなど、全身の大きな筋肉をまんべんなく動かし、血流を促進。血流がよくなると代謝が上がりやすくなることはもちろん、むくみや冷えも改善。

▶ **P100**

LESSON 2

柔軟性を高める

全身の大きな筋肉をストレッチしていくプログラム。柔軟性が高まると関節を動かしやすくなるので、日常の動作でも筋肉が活性化。代謝が促され、脂肪が燃焼しやすい身体に。

▶ **P106**

LESSON 3

下半身を鍛える

人間の身体の筋肉は、およそ7割が下半身に存在しています。ここでは太もも、お尻など、下半身の大きな筋肉に集中アプローチ。筋肉量がアップして、基礎代謝も上がります。

▶ **P112**

LESSON 4

脂肪を燃やす

心拍数が上がるハードな動きで、全身の代謝をアップさせ、余分な脂肪をどんどん燃焼！筋力はもちろん、心肺機能も高まるので、疲れにくく引き締まった身体になれます。

▶ **P118**

動画を
CHECK！

LESSON 1

全身トレーニングで
血流アップ

お尻や太もも、背中や肩甲骨まわりなど、全身の大きな
筋肉を動かし、身体の隅々まで血流を届けよう。

LEVEL 1 ／ 腕振りステップ

4セット

2つの腕の動きで、背中や肩まわり、二の腕も刺激。腕はダイナミックに動かして！

1 背すじを伸ばして
まっすぐ立つ

床に足裏をしっかりつけ、まっす
ぐ立つ。脚は肩幅程度に開き、腕
は体側に伸ばしてリラックス。鼻
呼吸をして腹圧を入れる。

腹圧を
入れる

スゥー＆
フゥ〜

2、3のときの
足の動きは……

▶

▶

▶

2 　脚を前後に動かし、両腕は水平に大きく振る

まず、鼻から息を吸う。続けて息を吐きながら左脚を後ろに引き、両腕は右側へ振る。
吸いながら脚と腕を戻し、吐きながら右脚を引いて腕は左へ。これを8回繰り返す。

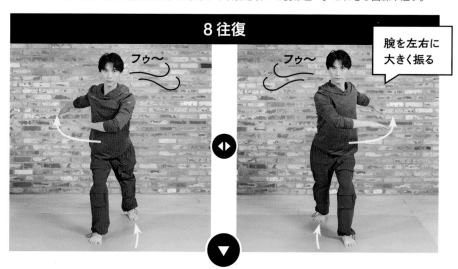

8 往復

フゥ～

フゥ～

腕を左右に
大きく振る

3 　身体前面の下側で半円を描くように、両腕を大きく振る

次に、2と同様の呼吸、脚の動きを続けながら、両腕を身体前面の下で半円を描くよう
に左右に振る。これを8回繰り返すところまでを1セットとして1～3を4セット行う。

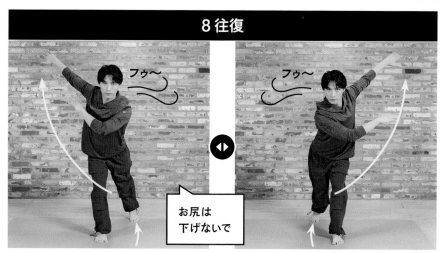

8 往復

フゥ～

フゥ～

お尻は
下げないで

LEVEL 2 / 大地のバンザイスクワット

4セット

下半身を鍛えるトレーニングの代表「スクワット」に腕の動きも加え、全身の筋肉を目覚めさせよう。

2～4を8回繰り返す

腹圧を入れる

スゥー&フゥ〜

地面のものを持ち上げて

スゥ〜

1 両脚を広めに開き、まっすぐ立つ

床に足裏をしっかりつけ、まっすぐ立つ。脚は腰幅より広く開き、腕は体側に伸ばしてリラックス。鼻呼吸をして腹圧を入れる。

2 何かをすくうイメージでスクワット

鼻から息を深く吸いながら腰をゆっくり落としてスクワット。それと同時に腕は地面から何かをすくうように動かす。

4 → 2 に戻るときは、身体の横で半円を描くように腕を動かす

抱えて……

フゥ〜

放つ！

3　すくったものを両腕で抱えて腰を上げる

2 で深く吸った呼吸を継続しながら腰をゆっくり上げていく。両腕は、下からすくったものを抱えるように胸の前へ。

4　天井に向かって大きくバンザイ

ひざを伸ばすと同時に、抱えたものを上に放つようにバンザイ。目線も上へ向け、鼻から息を深く吐く。**2 〜 4** を 8 回繰り返すところまでを 1 セットとして 4 セット行う。

LEVEL 3 / 大地のバンザイランジ

4セット

P102にランジの動作をプラス。太ももの大きな筋肉が、ぐんぐん活性化します！

2〜7を4回繰り返す

腹圧を入れる

スゥー＆フゥ〜

地面のものを持ち上げて

スゥ〜

お尻は落とさない

1

両脚を広めに開き、まっすぐ立つ

床に足裏をしっかりつけ、まっすぐ立つ。脚は腰幅より広く開き、腕は体側に伸ばしてリラックス。鼻呼吸をして腹圧を入れる。
（P102の **1** の体勢と同様）

2

何かをすくうイメージでスクワット

鼻から息を深く吸いながら腰をゆっくり落としてスクワット。それと同時に腕は地面から何かをすくうように動かす。
（P102の **2** の体勢と同様）

3

すくったものを両腕で抱えて腰を上げる

2 で深く吸った呼吸を継続しながら腰をゆっくり上げていく。両腕は、下からすくったものを抱えるように胸の前へ。
（P102の **3** の体勢と同様）

4

バンザイしながら
左脚を後ろへ引く

ひざを伸ばすと同時に、左脚だけ後ろに大きく引く。両腕は、抱えたものを上に放つようにバンザイ。目線も上へ向け、鼻から息を深く吐く。

5-6

何かをすくう
イメージで
スクワット

再び、鼻から息を深く吸いながら腰をゆっくり落とし、**2〜3**の動きを行う。

7

バンザイしながら
右脚を後ろへ引く

ひざを伸ばすと同時に、右脚だけ後ろに大きく引く。両腕はバンザイし、目線も上へ向け、鼻から息を吐く。**2〜7**を4回繰り返すところまでを1セットとして4セット行う。

動画を
CHECK！

LESSON 2

全身トレーニングで 柔軟性を高める

こり固まりやすい腸腰筋、内もも、背中などの筋肉を
じっくりストレッチ。柔軟性を高め、関節可動域を広げよう。

LEVEL 1 / 肩入れストレッチ＆前後に股関節伸ばし

3 セット

まずは、ウォーミングアップ。股関節を大きく開き、硬くなりがちな内ももと腸腰筋をほぐそう。

1

股関節を大きく開き、腰を落とす

股関節をできるだけ広く開き、つま先は
斜め 45 度外側へ向ける。腰を落とし、手
はそれぞれのひざの上に置く。

なんか、ぽかぽか
してきた〜

| 右2回 → 左2回 | 右2回 → 左2回 |

内ももを
伸ばす

スゥー＆
フゥ〜

5秒

鼻呼吸
しながら

スゥー＆
フゥ〜

5秒

2　右肩を内側に入れて 右内ももを伸ばす

右手で右ひざを後方へ押すようにしながら、
右肩を内側へ入れる。5秒キープしたら元の
体勢に戻り、再び肩を内側へ入れて5秒キー
プ。このあいだ、鼻呼吸も繰り返す。左側も
同様に。

3　脚を前後に開き、 股関節を伸ばす

左脚を後ろに大きく引き、両手は右ひざの上
に。右ひざを前方へ出すように曲げ、腰を前へ。
5秒キープしたら元の体勢に戻り、再び腰を
前へ移動して5秒キープ。左側も同様に。こ
こまでを1セットとして3セット行う。

LEVEL 2／振り返り背筋伸ばし

3セット

振り返る動作で、背中をやわらかくします。目線をまっすぐ後ろへ向けることもポイント。

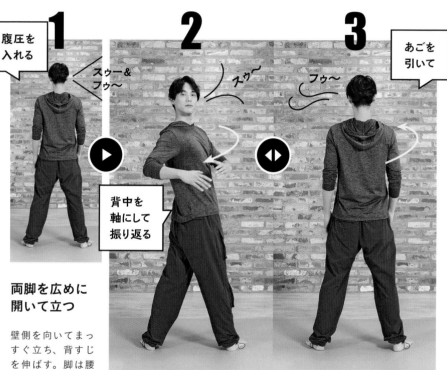

1 腹圧を入れる　スゥー＆フゥ〜

2 スゥ〜　背中を軸にして振り返る

3 フゥ〜　あごを引いて

両脚を広めに開いて立つ

壁側を向いてまっすぐ立ち、背すじを伸ばす。脚は腰幅よりやや広く開き、腕は体側に伸ばしてリラックス。鼻呼吸をして腹圧を入れる。

背中の筋肉で振り向く

鼻から息を深く吸いながら、背中を使って右に大きく振り返る。目線も背面へ向ける。

一度元に戻り、繰り返す

鼻から息を吐きながら元の体勢に戻ったら再び右、続けて左へ2回を二度繰り返す。次に、倍の速さで右4回、左4回を二度繰り返す。これを3セット行う。

2〜3　右2回→左2回×2回

倍速で右4回→左4回×2回

LEVEL 3 / クロスランジ

4セット

腕と脚を大きく動かして、CHAPTER 2で着目した腸腰筋や仙腸関節をしっかり伸ばしていこう。

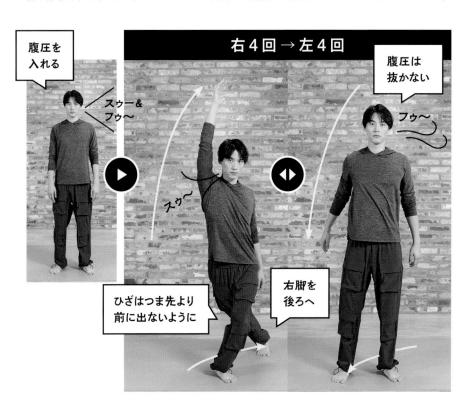

右4回 → 左4回

腹圧を入れる

スゥー＆フゥ～

腹圧は抜かない

フゥ～

スゥ～

ひざはつま先より前に出ないように

右脚を後ろへ

1

背すじを伸ばして立つ

脚を肩幅程度に開き、まっすぐ立つ。腕は体側に伸ばしてリラックス。鼻呼吸をして腹圧を入れる。

2

右腕を大きく上げ、右脚は斜め後ろへ引く

鼻から息を深く吸いながら右腕を身体の前側を通り、大きく上に上げる。それと同時に右脚を左脚とクロスさせるように斜め後ろへ移動する。

3

一度元の体勢に戻り、4回繰り返す

鼻から息を吐きながら元の体勢に戻り、同じ動きを4回繰り返したら左側も同様に。これを4セット行う。

LEVEL 4 / 全身筋膜ムーブメント

2セット

筋膜とは筋肉を包んでいる膜のこと。この膜をはがすイメージで全身を伸ばして！

1

脚を前後に大きく開き、手で支えて準備

右脚を大きく踏み出し、ひざを曲げる。左の手のひらは床につき、身体を支える。この体勢で腹圧を入れる。

> 腹圧を入れる

スゥー＆フゥ〜

10秒キープ

> 目線は指先に

10秒キープ

スゥー＆フゥ〜

スゥー＆フゥ〜

2

腕を上げ、背中をぐーっと伸ばす

鼻から息を深く吸いながら右腕を真上に上げ、鼻呼吸を繰り返しながら10秒キープ。元の体勢に戻ったら、脚を入れ替え左右反対側も同様に。

ムムム、これは
なかなかツラい！
頑張ろう

左右交互に計4回

テンポアップ！
2秒で上げる

スゥ〜

2秒
キープ

3

テンポよく、
左右交互に繰り返す

次に、鼻から息を深く吸いながら右
腕を真上に上げ、2秒キープ。鼻か
ら息を吐きながら元の体勢に戻った
ら、脚を入れ替え左右反対側も同様
に。これを左右交互に計4回繰り返
すところまでを1セットとして **1**〜
3 を2セット行う。

2秒
キープ

背中の伸びを
しっかり感じて

スゥ〜

動画を
CHECK！

LESSON 3

全身トレーニングで **下半身を鍛える**

下半身トレーニングの代表格「ランジ」を取り入れたプログラム。
太ももの裏側やお尻はもちろん、体幹強化にも効果的。

LEVEL 1／ 手を上げて フロントランジ

3セット

踏み込む動作で太ももやお尻の筋肉が覚醒。足裏をしっかり床につけ、メカノレセプターも刺激！

1

背すじを伸ばして まっすぐ立つ

床に足裏をしっかりつけ、まっすぐ立つ。
脚は肩幅程度に開き、腕は体側に伸ばし
てリラックス。この体勢で鼻呼吸をして
腹圧を入れる。

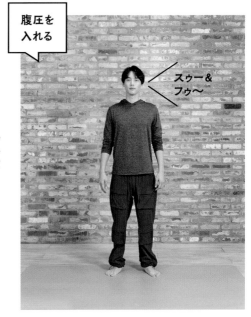

腹圧を
入れる

スゥー＆
フゥ〜

2

右脚を踏み込み 左腕をアップ

鼻から息を吸いながら
右脚を前へ大きく踏み
込む。それと同時に左
腕は身体の前側を通り、
真上に上げる。鼻から
息を吐きながら元の体
勢に戻り、同じ動きを
4回繰り返したら左右
反対側も同様に。

右4回 → 左4回

ボウリングの球を
転がすように

スゥ〜

フゥ〜

右脚を
前に

3

次は、左右交互に 繰り返す

次に、**2**と同様の動き
を左右交互に計4回繰
り返す。ここまでを1
セットとして**1〜3**を
3セット行う。

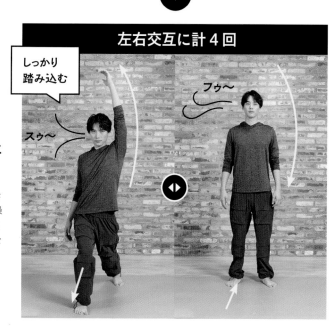

左右交互に計4回

しっかり
踏み込む

フゥ〜

スゥ〜

LEVEL 2 / 大の字つま先タッチ

4セット

身体をひねる動きが、腰まわりの脂肪撃退に効く！　単純な動作ながらも効果大。

腹圧を
入れる

スゥ～&フゥ～

左右交互にゆっくり計4回

目線は
前へ向ける

スゥ～

1 腕を大きく広げ、身体を大の字に

脚を腰幅より広く開き、足裏を床にしっかりつけて立つ。両腕を左右に大きく広げ、ひじを伸ばす。鼻呼吸をして腹圧を入れる。

お尻は No down !
目線は Straight !

3 テンポよく、つま先をタッチ

次に、**2**と同様の動きをテンポよく行う。左右交互に計8回繰り返すところまでを1セットとして**1**〜**3**を4セット行う。

フゥ〜

腹圧は
抜かない

2

右手で左足のつま先を
ゆっくりタッチ

鼻から息を深く吸いながら右手を
ゆっくり左足に近づけ、つま先を
タッチ。息を吐きながら、ゆっく
り元の体勢に戻ったら左右反対側
も同様に。左右交互に計4回繰り
返す。

左右交互にアップテンポで計8回

お尻は
下げない

フゥ〜

スゥ〜

LEVEL 3 / オーバーヘッド 収縮ランジ

2 セット

足をお尻に近づけることで、太もも裏にアプローチ。肩甲骨を動かすことも意識しよう。

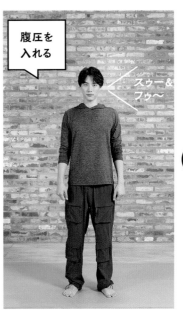

腹圧を入れる

スゥー＆フゥ～

脚は大きく引く

左ひざに曲げる

1 背すじを伸ばして まっすぐ立つ

床に足裏をしっかりつけ、まっすぐ立つ。脚は肩幅程度に開き、腕は体側に伸ばしてリラックス。鼻呼吸をして腹圧を入れる。

2 右脚を後ろへ踏み込み、両腕をアップ

鼻から息を深く吸いながら右脚をできるだけ大きく後ろに引き、両腕は真上に上げる。

踏み込んで～
寄せるっ!

2～3を4回繰り返す

かかとを
お尻に
近づける

左ひざを
伸ばす

3 両ひじを曲げる。
右かかとはお尻へ

息を吐きながら左ひざを伸ばし、右ひざ
は曲げてかかとをお尻に近づける。それ
と同時に肩甲骨を背中の中心に寄せるイ
メージで、両ひじを脇腹のほうに引き寄
せる。2～3を4回繰り返したら左右反
対側も同様に。ここまでを1セットとし
て2セット行う。

動画を
CHECK！

LESSON 4

全身トレーニングで 脂肪を燃やす

腕と脚をリズミカルに動かす動作を続けます。
キツいけれど、やり切ればボディも気分もすっきりします。

LEVEL 1／ 大の字ヒールタッチ

3セット

下半身の大きな筋肉がある太ももを重点的に刺激。血流が巡って、全身がぽかぽかしてくる！

1

腕を大きく広げ、
身体を大の字に

脚を腰幅よりやや広く開き、足裏
を床にしっかりつけて立つ。両腕
を左右に大きく広げ、ひじを伸ば
す。鼻呼吸をして腹圧を入れる。

腹圧を
入れる

スゥー＆
フゥ〜

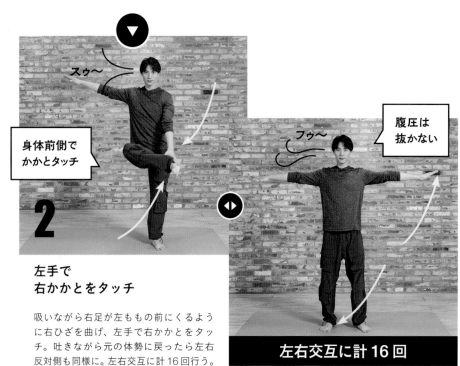

スゥ～

身体前側で
かかとタッチ

2

フゥ～

腹圧は
抜かない

左手で
右かかとをタッチ

吸いながら右足が左ももの前にくるよう
に右ひざを曲げ、左手で右かかとをタッ
チ。吐きながら元の体勢に戻ったら左右
反対側も同様に。左右交互に計16回行う。

左右交互に計16回

スゥ～

左手を
右かかとに
タッチ

3

フゥ～

腹圧は
抜かない

右ひざを後ろに曲げ、
左手でタッチ

吸いながら右ひざを後ろに曲げ、左手で
右かかとをタッチ。吐きながら元の体勢
に戻ったら左右反対側も同様に。左右交
互に計16回行うところまでを1セントと
して1～3を3セット行う。

左右交互に計16回

LEVEL 2／多関節連動スクワット

2セット

身体の背面を鍛えるトレーニング。姿勢が改善し呼吸がしやすくなるので、代謝が上がります。

1

腹圧を
入れる

スゥー&
フゥ〜

両脚を
広めに開き、
まっすぐ立つ

床に足裏をしっか
りつけ、まっすぐ
立つ。脚は腰幅よ
りやや広く開き、
腕は体側に伸ばし
てリラックス。こ
の体勢で鼻呼吸を
して腹圧を入れる。

2

8回

フゥ〜

ひじを伸ばし、腕は真上へ。
ひざも伸ばす

鼻から息を吐きながら両腕を真上に上
げる。かかとは床にしっかりつけたま
ま、背すじ、ひじ、ひざを伸ばす。

3

背中は
反りすぎない
ように

スゥ〜

ひざを曲げて腰を落とし、
両ひじも曲げる

息を吸いながらひざを曲げ、
腰を落とす。それと同時に両
ひじを脇腹のほうに引き寄せ
るように曲げる。**2**〜**3**を8
回繰り返す。

次のトレーニングとのあいだに
クロスランジ（P109）を
行うのもおすすめ！

4

5

8回

フゥ〜

スゥ〜

ひざを
曲げたとき
つま先立ちに

ひじ、ひざを伸ばし、
腕は真上にアップ

鼻から息を吐きながら両腕を真上に上げる。かかとは床にしっかりつけたまま、背すじ、ひじ、ひざを伸ばす。

ひじ、ひざを曲げ、
かかとをアップ

息を吸いながら腰を落とし、両ひじも曲げる。それと同時に両足のかかとを床からアップ。**4**〜**5**を8回繰り返すところまでを1セットとして**1**〜**5**を2セット行う。

LEVEL 3 / シュタッとローランジ

3セット

体幹の力も使って身体を支え、バランスを維持。キツいけれど、全身にじわじわ効いてくる！

腹圧を
入れる

スゥー＆
フゥ〜

左右交互にゆっくり計4回

体幹も使って
バランスをとる

スゥ〜

1

背すじを伸ばして
まっすぐ立つ

床に足裏をしっかりつけ、まっすぐ立つ。両足はそろえ、腕は体側に伸ばしてリラックス。この体勢で鼻呼吸をして腹圧を入れる。

3

テンポを倍にして
繰り返す

次に、**2**と同様の動きを倍の速さで行う。左右交互に計8回繰り返すところまでを1セットとして**1**〜**3**を3セット行う。

シュタッ！

Finish！
頑張ったね〜

フゥ〜

2

右ひざを曲げ、
左脚は後ろへ引く

鼻から息を吸いながら右ひざを曲げ、左脚を後ろに大きく引く。左手は床に触れ、右腕は斜め後ろへ伸ばしてバランスをとる。続けて息を吐きながら元の体勢に戻ったら左右反対側も同様に。左右交互に計4回繰り返す。

左右交互に倍速で計8回

スゥ〜

フゥ〜

FUKUトレ

Q & A

「どのくらいやるべき?」
「すぐに効果が出るの?」など、
ここでは、みんなの疑問を
ピックアップ。
FUKUがお答えします!

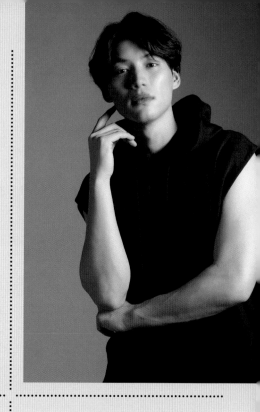

Q FUKUトレは、いつやるのがいいですか? 就寝前でも大丈夫ですか?

A いつでもOKですが、ハードなトレーニングは就寝3時間前には済ませて。

宅トレは、自分の好きなタイミングでできることも魅力! 都合のいいときに行ってOKです。ただし、ハードなトレーニングを就寝直前にすると寝つきが悪くなってしまうので、3時間前くらいまでに行いましょう。足指や足裏のストレッチ(P37〜)などは、入浴中に行うのもおすすめ。

Q どのくらいの頻度がおすすめ? やっぱり毎日やらないと、ダメですか?

A 筋トレは休息日も必要。週2ペース程度で行うのがベターです!

「毎日やったほうがいい」と思っている人も多いのですが、じつは筋トレは週2〜3回が目安。というのも、効率よく鍛えるには、筋肉が回復するための休息日を適度に挟むことが必要だから。FUKUトレも「週2回ペース」を推奨しています。休むことも、大事ですよ!

Q だんだん音楽とズレてしまいます。それでは効果がありませんか？

A 大切なのは、楽しくやること。ズレても遅れても、気にしない！

FUKUトレには、リズミカルに動くトレーニングがたくさんあります。そのときは、音楽に合わせて行うのがおすすめ！ ですが、目的は音に合わせることではないので、ズレたり遅れたりしてしまっても、まったく問題なし。楽しければOK！ 自分のペースで行いましょう。

Q トレーニングをすると、ひざが痛いです。続けたほうがいいですか？

A 無理は禁物。痛みや違和感などがあるときは中断しましょう。

ひざや腰などに痛みや違和感が生じたときは、中断しましょう。無理に続けてしまうと悪化しかねません。身体が痛くてトレーニングができないときは、鼻呼吸や腹圧呼吸を繰り返すのもおすすめです。呼吸はインナーマッスルを鍛える効果が抜群。立派なトレーニングです！

Q どのくらいで効果が出ますか？ 見た目はすぐに変わりますか？

A すぐには見た目は変わりませんが、続ければ必ず、変わります！

個人差がありますが、週２回ペースで行うと、３か月後にしなやかな身体になります。見た目が変わるまでには少し時間がかかるかもしれませんが、コツコツ続けているあいだに身体は確実に変化しているので、焦らず続けましょう。続ければ必ず、理想のボディを手に入れられます！

Q これまで運動経験がない人がやっても、効果はありますか？

A もちろんです！ 誰でもできて、続ければ誰でも効果が実感できます。

運動が得意・不得意、運動経験がある・なしはもちろん、年齢も体型も関係ありません。誰でも実践すれば、身体は変わります。そして理想のボディに近づける！ それが「FUKUトレ」です。運動に苦手意識がある人は「できる回数」からでもOK。続けることが、何より大事ですよ！

EPILOGUE

頑張ったぶん、身体は必ず変わる!

最後までやり切ってくれたみんな、ありがとう!
You did it！　本当に、みんなすごい!
まずは、やり切った自分を褒めてあげましょう。

続けてみて、どうだったかな?
始める前よりも、「身体が動かしやすくなった」「疲れにくくなった」など、
身体の変化を実感している人も多いんじゃないかな。

そして、一人でも多くの方が
「身体を動かすのって、気持ちいい!」「トレーニングって、楽しい!」
と思ってくれたら、僕は嬉しいです。

なかには、キツいトレーニングもあったかもしれないけれど、
頑張ったぶん、身体は必ず変わります!
頑張れば頑張ったぶん、効果が得られる。それが「FUKUトレ」です!

でも、筋肉は動かすことをやめるとまた、
硬くなったり、こわばったりしてしまいます。
だから、これからもトレーニングを続けていくことが大事!
誰もがもっている、「自分をきれいにする力」を信じ、
自分に磨きをかけていきましょう。

もちろん僕が、いつでもついています。
これからも一緒に頑張ろう!

トレーナー FUKU こと　福士蒼汰

OK! You did it!

これからも一緒に FUKUトレを続けよう！

PROFILE

福士蒼汰

1993 年 5 月 30 日生まれ、東京都出身。2011 年に俳優デビュー。近年のおもな主演作は「星から来たあなた」「弁護士ソドム」など。ドラマ「THE HEAD」Season2 では念願の海外作品初出演を果たす。「大奥」での好演が話題になったほか、主演を務める「アイのない恋人たち」が放送中。また、2024 年 3 月に WOWOW「アクターズ・ショート・フィルム4」にて初監督作品が放送・配信。5 月には W 主演映画「湖の女たち」の公開が控えている。

監修：Positive Link Studio　横手貞一朗

ボディメイクトレーナーとして、多くの女優、トップモデル、タレント、オリンピックアスリート、経営者など、意識の高いクライアントから支持を得ている。最新の運動生理学や脳科学を融合させた独自のトレーニング方法と理論を展開。月額オンラインレッスン、SNS のライブ配信など、情報発信を継続中。プロフェッショナル向けのセミナーも定期的に開催。東京・代官山で「Positive Link Studio」を主宰。

STAFF　　装丁・本文デザイン／米持洋介
撮影／德永 徹
ヘアメイク／髙橋幸一（Nestation）
スタイリング／武内雅英
衣装協力／ルルレモン［P14,17,42,97,98 のパーカ］
企画協力／ Executive Producer 冨田賢太郎、
　　　　　Manager 波多江利之、安 智愛、梅村果歩（研音）
　　　　　吉野英美（U-NEXT）
特典動画制作／今井洋子
ＤＴＰ／グレン
校閲／麦秋アートセンター
編集協力／印田友紀、石原輝美、森田有希子（smile editors）

FUKUトレ

2024 年 3 月 19 日　第 1 刷発行
2024 年 3 月 22 日　第 2 刷発行

著者　　福士蒼汰
　　　　U-NEXT
監修　　Positive Link Studio　横手貞一朗
発行人　土屋 徹
編集人　滝口勝弘
編集担当　米本奈生
発行所　株式会社Gakken
　　　　〒 141-8416
　　　　東京都品川区西五反田 2-11-8
印刷所　TOPPAN株式会社

●この本に関する各種お問い合わせ先
本の内容については、下記サイトのお問い合わせフォームよりお願いします。
https://www.corp-gakken.co.jp/contact/
在庫については　☎ 03-6431-1250（販売部）
不良品（落丁、乱丁）については　☎ 0570-000577　学研業務センター
〒 354-0045 埼玉県入間郡三芳町上富 279-1
上記以外のお問い合わせは　☎ 0570-056-710（学研グループ総合案内）
©Sota Fukushi, U-NEXT 2024 Printed in Japan

学研グループの書籍・雑誌についての新刊情報・詳細情報は、下記をご覧ください。
学研出版サイト　https://hon.gakken.jp/